RÉPONSE

AUX

LETTRES ANONYMES

PUBLIÉES CONTRE

M. L'ABBÉ BARBAROUX,

LE 25 MAI 1867,

Par M. BLANCARD Pierre.

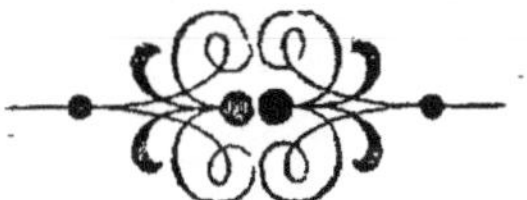

DRAGUIGNAN,

IMPRIMERIE DE C. ET A. LATIL, BOULEVARD DE L'ESPLANADE, 4.

1867.

Réponse aux lettres anonymes publiées contre M. l'abbé Barbaroux [1].

Le 25 mai 1867.

Résumé des Lettres.

I.

Dans la journée du 25 du mois de mai dernier, des lettres anonymes ont été distribuées, par la poste, à tous les cercles et cafés de la ville, à tous les présidents de société, aux chefs de musique et même à des particuliers.

Les lettres sont dirigées principalement contre Monsieur l'abbé Barbaroux, vicaire de la paroisse, et pour atteindre plus sûrement la moralité du prêtre, on ne craint pas d'y nommer, en toutes lettres, vingt personnes du sexe, filles et femmes mariées, prises dans toutes les classes de la société et jouissant de l'estime publique.

(1) Cet écrit était destiné à paraître plus-tôt. L'instruction judiciaire commencée dans l'intervalle, en a retardé la publication de quelques jours.

Or , au dire de ces lettres , les femmes désignées auraient été atteintes dans leur honneur, par les provocations perfides de ce misérable prêtre , qui aurait ainsi juré de semer la honte , parmi des familles très respectables de la cité.

Les lettres ne sont pas toutes identiques entr'elles ; l'écriture varie dans plusieurs , elle est toujours dissimulée ; celle qui est employée sur les adresses , révèle une main très exercée , la main d'un expéditionnaire.

Les nombreuses fautes d'orthographe et de grammaire qui s'y trouvent , paraissent volontaires et calculées. On y remarque des différences plus ou moins sensibles dans la composition ; elles diffèrent surtout par le nombre et la désignation des femmes compromises.

La forme adoptée , est généralement celle d'une annonce, d'une réclame : Monsieur l'abbé Barbaroux prévient le public , etc.

Le ton y est ironique et trivial , et les mots employés pour dire les choses sont sales et obscènes.

Enfin, les lieux de rendez-vous sont indiqués avec détail ; ils varient suivant les circonstances : c'est tantôt la maison d'habitation du prêtre et tantôt l'église des Minimes , ou la chapelle de Notre-Dame-du-Peuple.

Il y est même question du livre que Monsieur l'abbé Barbaroux vient de publier récemment , lequel est offert en prime, par l'auteur , à toutes les personnes qui s'empresseront de répondre à son appel.

Comme on voit, rien n'est omis pour défigurer le caractère moral du prêtre et le perdre sans retour dans l'estime publique.

Fallait-il parler ou se taire ?

II.

En présence d'un amas si monstrueux d'injures , la première question qui se présente est celle-ci : faut-il répondre
ou se croiser les bras ?

Des esprits sensés , mais timides , n'osaient conseiller la
défense des personnes outragées ; ils hésitaient surtout dans
le choix des moyens. Suivant eux , se croire obligé de repousser l'injure, c'est presque un doute jeté sur l'innocence
de la personne injuriée , et recourir à la publicité , c'est
s'exposer à l'accroître démesurément , en faisant connaître
les faits sur lesquels s'exerce la diffamation , à des gens qui,
peut-être, les auraient toujours ignorés.

D'autres personnes douées de plus de fermeté , de plus de
résolution, sentaient au fond de leur conscience, qu'en l'état
de la nature et de la quantité de lettres répandues dans la
ville, il fallait nécessairement repousser l'outrage, et à leurs
yeux , le moyen préféré devait être celui qui permettrait de
circonscrire la publicité , dans la ville même où s'était pro-
duit le scandale par diffamation.

Enfin, nous avons entendu dire autour de nous que fût-on

d'accord sur le principe de publier une défense quelconque, il fallait avant tout trouver un défenseur, et où le prendre, s'il ne vient s'offrir lui-même spontanément ?

Puis, ajoutait-on, un ami trop dévoué perdra de son autorité, vis-à-vis de cette partie de la population qui vit plus éloignée du clergé et des choses religieuses. C'est là un premier inconvénient.

Ce qu'il faudrait, en ce moment, le voici : il faudrait que l'horreur de ce noir attentat suscitât un dévoûment de circonstance, un de ces cœurs droits qui, sans lien, sans engagement préalable, vint mettre spontanément sa plume au service de l'innocence et de la vérité. Ce serait bien là l'homme de la situation.

Oui, sans doute, l'idée est excellente; seulement, convient-il d'attendre dans le silence et l'inaction, cet auxiliaire désiré, mais non promis ? Voilà la question ; et s'il ne vient pas ?

Alors, les trop sages conseillers de la réserve, auraient été d'avis de laisser tomber la chose d'elle-même et de s'en référer, au bon sens des honnêtes gens, pour ensevelir, sous leur mépris, l'odieux attentat à l'honneur du prêtre et de la famille.

Prenons garde ! sans doute, il est incontestable que la prudence est nécessaire à la conduite des affaires de ce monde, pour assurer leur réussite. Toutefois, il n'est pas moins vrai, que l'exagération que nous faisons subir à ses conseils, devient nuisible en divers cas. Si l'on ne se déterminait à agir, qu'après avoir soigneusement recueilli sous sa main, tous les éléments de succès, on serait exposé à voir passer sa vie entière sans mouvement et sans action, faute d'avoir pu remplir cette condition préalable.

Pourtant, nous avons pesé ces observations et ces craintes avec l'attention qu'elles méritent ; nous avons pris en considération et mis en pratique tout ce que nous avons pu y voir de mesure et de sagesse et ainsi fortifié, nous nous sommes décidé à parler. En d'autres termes, nous restons convaincu que la réflexion et la prudence doivent régler l'action, au lieu de la comprimer. D'ailleurs, voulant tout concilier, nous avons adopté, pour cet écrit, un mode de publication qui nous permettra de restreindre, à notre gré, la publicité et l'éclat.

Certes, nous avions, personnellement, d'excellentes raisons de suivre le conseil qui nous était donné d'éviter le bruit. Notre vie retirée, la nature de nos occupations et par dessus tout, l'insuffisance de nos moyens, nous commandaient, plus qu'à tout autre, l'abstention d'une réponse publique. En effet, nous savons d'expérience, qu'un avocat improvisé est rarement à la hauteur de la cause qu'il veut défendre, et qu'en ce cas, il court risque de compromettre ses clients, au lieu de leur assurer le triomphe. Toutefois, nous savons aussi que lorsque la société est attaquée, il est de son devoir de se défendre, et que les attaques qui sont dirigées contre le plus petit de ses membres, atteignent, du même coup, le corps tout entier.

Or, ce devoir devient plus impérieux, quand l'attaque prend le caractère d'une diffamation publique, et qu'elle s'acharne contre un nombre considérable de femmes d'une honnêteté reconnue, et contre un ministre de la religion, parfaitement digne du caractère sacré dont il est revêtu.

Oh, alors toute hésitation doit cesser ; il faut que chacun s'arme à la hâte, prenne son poste de combat, et lutte à sa manière. L'action doit varier suivant les positions, les caractères et les aptitudes ; les uns feront un peu plus, les autres un peu moins, n'importe ! L'essentiel, c'est que nous ne restions pas indifférents et que le but général soit atteint.

Si, par malheur, nous faisions acception de personnes, c'est-à-dire, si nous nous abstenions de prendre part à la lutte, parce qu'il s'agit d'un prêtre, parce que la calomnie n'atteint que la femme de notre voisin, ou la fille d'un homme qui n'a pas notre opinion, dont nous ne partageons pas les idées ; si nous poussions l'aveuglement, jusqu'à méconnaître, à ce point, le principe de solidarité qui nous unit tous moralement, ce serait tout simplement un suicide; car, aujourd'hui l'attaque se fait contre le prêtre et le voisin, et demain elle se ferait contre nous mêmes. A l'instant, la société serait frappée au cœur, et par la brèche qu'elle aurait imprudemment ouverte, dans l'ordre moral qui la régit et la soutient, l'ennemi commun, le génie du mal, se ruerait infailliblement sur elle, pour lui faire courir les plus grands dangers.

La chose est entendue, il faut parler, il faut agir avec ensemble. Notre tâche est multiple, divisons la, et que chacun en prenne sa part.

Il existe dans toutes les classes des esprits timides,

faciles à croire ; les personnes du sexe sont en général de ce nombre. Or, elles sont doublement intéressées dans les outrages que nous repoussons, et par la considération du prêtre et par l'honneur de leur sexe ; nous leur devons donc de les éclairer et de les affermir.

Nous avons en face de nous des esprits prévenus, qui ne veulent pas précisément le mal, mais qui l'acceptent sans examen et sans contrôle ; ils en rient même volontiers ; en France, ne sommes nous pas habitués à rire de tout ! Il est utile de les rappeler à eux mêmes, et de les mettre en demeure d'examiner sérieusement des affaires délicates, afin de prévenir chez eux des entraînements irréfléchis.

Il importe que le moral des victimes de la brutalité la plus sauvage, soit relevé par des témoignages personnels d'estime et de dévoûment ; nous devons parler en toute occasion, dans les cercles, sur la place publique, partout, afin de former et, au besoin, de redresser l'opinion. Sans nous occuper à connaître le nom et la figure que porte le diffamateur, (c'est l'affaire de la justice), il faut nous attacher à l'étudier au moral et à faire ressortir les traits de sa malice, pour son châtiment à lui et pour l'instruction de tous.

Les amis du prêtre et des familles outragées, ceux qui, par leurs relations fréquentes, sont plus à portée de voir et de juger, feront bien, à notre avis, de se montrer aux premiers rangs de la défense ; car, leur silence ou leur réserve, pourrait être interprété dans le sens de la culpabilité des accusés.

Enfin, nous espérons que les efforts que nous tentons tous,

dans une sphère d'action qui n'est pas la nôtre, au lieu de retenir ou d'empêcher, autour de nous, les bonnes volontés qui pourraient surgir, seront, au contraire, un encouragement et comme un exemple à imiter. Oui, si les plus dignes, les plus capables de parler et d'écrire, croient devoir intervenir dans la cause commune, en vue de la gravité des circonstances, sans leur céder notre place, qui nous est assignée par le devoir, nous serons des premiers à saluer leur utile intervention, de nos applaudissements les plus sincères et les plus chaleureux.

C'est ainsi que nous nous compléterons les uns par les autres.

Les personnes diffamées.

III.

Avant d'examiner l'affaire au fond, il est nécessaire de connaître aussi exactement que possible, les personnes qui y jouent le principal rôle. D'abord le prêtre.

Monsieur l'abbé Barbaroux est attaché, depuis quinze ans, en qualité de vicaire, à la paroisse de Draguignan. Durant cette longue période d'années, il s'est toujours distingué par toutes les vertus et les qualités du bon prêtre. Doux et affable envers tous, officieux par nature autant que par état, il a contribué, pour une large part, à faire aimer et pratiquer les préceptes de notre religion.

Sa charité envers les pauvres va bien au-delà de ses ressources. Il se borne à donner autant qu'il peut, en regrettant de ne pouvoir satisfaire son cœur, par des dons plus abondants et plus souvent renouvelés. C'est ainsi que procède le prêtre resté fidèle à ses devoirs.

Il se trouvait au milieu de nous, pendant les deux épidémies qui ont sévi, dans notre ville, en 1856 et en 1860. Tous les habitants, et surtout les malades, ont pu voir, avec quel dévoûment, il remplissait les charges de son ministère. Rivalisant de zèle avec ses confrères dans le sacerdoce, il encourageait les malades, il bénissait les mourants, et il accompagnait, jusqu'à leur dernière demeure, en récitant les prières de l'Eglise, ceux de nos parents et de nos amis, que la mort, plus impitoyable encore, en ces jours de désolation et de deuil, moissonnait, comme à plaisir, dans tous les rangs de la population.

La dernière épidémie de suette, en 1860, frappa, à ses côtés, un membre de sa famille. A dater de ce jour il s'unit plus étroitement à nous par les liens du malheur, et il pût mêler sa douleur, ses larmes et son deuil, à la douleur, aux larmes et au deuil de la cité tout entière.

Monsieur l'abbé Barbaroux, possède, en outre, deux qualités, qui sont, à juste titre, fort appréciées chez les membres du clergé; il aime la retraite et le travail. Ces qualités, ajoutées aux autres, le préserveront de tout soupçon, pendant cette épreuve , auprès des personnes bien pensantes ou seulement réfléchies , quant un prêtre vit chez lui , parmi ses livres , à l'église pour les besoins du service paroissial , et auprès des malades pour les consoler et les bénir , il peut être cité comme un excellent prêtre.

Doué d'une facilité de parole remarquable , il étudie sans cesse, afin de préparer avec soin ses sermons et ses homélies. Il met d'abord en pratique le respect profond qui est dû à la parole sainte , avant de le réclamer , à son tour , de la part de ses auditeurs. Mais , ce qui donne à toutes ses qualités de la chaire un prix supérieur, c'est qu'il est du nombre de ceux qui font leurs instructions avec des actes , bien plus que par des paroles. Ceci revient à dire , que la prédication la plus éloquente est celle du bon exemple donné par le prêtre.

Nous sommes heureux d'avoir l'occasion de remercier Monsieur l'abbé Barbaroux, de nous avoir également donné ce genre entraînant de prédication.

Cependant , le travail de composition pour la chaire , ne suffisait pas à absorber tous les instants , restés libres, après les soins du saint ministère. Pour les employer dignement , Monsieur l'abbé Barbaroux eut la pensée, en 1866 , d'écrire un petit *Mois de Marie* , bien divisé , bien pensé , et qui lui valut, de la part de ses supérieurs, les encouragements et les éloges qu'il méritait.

Enhardi par ce premier succès , il vient de développer la pensée première , et d'en faire un nouveau livre qui embrasse la vie du chrétien tout entière, basée sur les principaux mystères de la vie de la sainte Vierge , ce livre écrit pour l'édification et l'instruction des fidèles, a été publié, au mois d'avril dernier.

Le prêtre dont nous esquissons à la hâte quelques traits, a senti dans son âme la grandeur de la vocation religieuse. il s'est constamment souvenu qu'il avait un divin modèle à imiter. A la lumière de sa foi chrétienne, il a vu le prêtre, comme un être à part dans la société religieuse, et tenant une sorte de milieu entre le ciel et la terre, entre le Christ qui a institué les apôtres, et le reste des hommes, qu'ils sont appelés à évangéliser.

En effet, par les fonctions augustes qu'il remplit dans l'église, le prêtre entretient avec Dieu, un commerce de tous les instants. Quand il célèbre les saints mystères, il appelle Dieu, et aussitôt le Roi du ciel obéit à sa voix. Il le reçoit dans ses mains bénies, et tous les jours, il se nourrit de sa chair sacrée.

Au tribunal de la pénitence, il remet et il retient au nom de Dieu, et après avoir prononcé les paroles sacramentelles du pardon sur les fidèles repentants, il leur distribue, en nourriture, le corps et le sang du Sauveur.

Lorsqu'il monte en chaire, il parle au nom de Dieu, et sa parole est la parole même de Dieu. Aussi, a-t-on pu dire avec vérité, que les lèvres du prêtre sont fécondes comme le sein de Marie, puisqu'elles enfantent le Verbe de Dieu.

Voilà pourquoi le prêtre, doit conserver intact le patrimoine de vertus morales qui lui a été transmis par le divin maître. La plus légère tâche dans ce legs sacré, en ternirait l'éclat et étoufferait, dans son germe, sa mystérieuse fécondité.

Voilà pourquoi le prêtre, doit être, sous le rapport des mœurs, plus irréprochable que le commun des hommes, plus encore que la jeune fille elle-même, qu'il est appelé à diriger, dans l'ordre spirituel, et dont il doit former le cœur à toutes les vertus chrétiennes de vierge, d'épouse et de mère.

Enfin, c'est par les mêmes raisons, que les esprits frivoles, indulgents sur tout le reste ; sentent encore, au milieu de leurs défaillances morales, qu'il ne peut pas y avoir de prêtre, là où la vertu de chasteté n'existe pas dans son intégrité.

Et alors, qui oserait lever, sur le prêtre vertueux, une main sacrilége ? Qui oserait le frapper au visage, avec les armes perfides de la calomnie ? Qui oserait le dépouiller de son caractère sacré, en l'avilissant aux yeux des populations, au devant desquelles il est envoyé, comme un guide et un modèle ? Qui oserait ?..... Le méprisable auteur des lettres anonymes, Monsieur X... le diffamateur éhonté.

Nous avons vu Monsieur l'abbé Barbaroux, se montrer parfaitement digne de la sublime mission réservée au sacerdoce catholique ; nous allons consacrer quelques mots à ces nombreuses femmes, qui auront une part à son mérite, pour l'avoir aidé à boire, jusqu'à la lie, la coupe de la calomnie.

Il n'entre pas dans nos vues de nous occuper de chacune d'elles en particulier, car, tout le bien qu'il y a à dire d'une seule, s'applique également à toutes Ce sont, des personnes pieuses, fréquentant l'église, et jouissant de l'estime et du respect, qui s'attachent partout à l'honnêteté reconnue de la femme. Elles sont en général laborieuses, occupées des soins de leur intérieur et de leur état, et dignes, à tous égards, du plus bel éloge qu'on puisse leur adresser, en disant : que ce sont des femmes DE BON SENS. Mérite infiniment précieux, et fort rare, dans un temps OÙ L'ESPRIT COURT LES RUES, ET OÙ LE BON SENS S'EN VA.

Une jeune personne occupe, parmi elles, une position particulière. Elle avait dit adieu au monde, pour se vouer à la vie religieuse. Sa santé délicate, l'obligea bientôt, à rentrer dans sa famille, où elle est morte depuis peu de temps. Elle avait donc fini d'orner sa couronne virginale, de tous les mérites qu'on acquiert par la souffrance, et par un généreux sacrifice de la vie.

La terre du cimetière venait à peine de recouvrir sa dépouille ; le souvenir de ses vertus adoucissait lentement les regrets amers de sa famille chrétienne et résignée ; soudain, la diffamation, comme un vautour, s'abat sur sa tombe, pour y troubler la paix. Elle s'attaque à sa mémoire gardée par la mort, et à l'aide d'imputations odieuses, elle essaye de ternir le reflet de pureté, qui ombrageait, en les protégeant, ses restes mortels

La passion brutale, ne respecte rien ; on l'a vue s'acharner contre la vie morale de la jeune fille, pour lui infliger une seconde mort, et du même coup, elle veut ravir à un père, à une mère éplorés, leur suprême consolation.

Heureusement qu'il n'est pas toujours donné à l'homme pervers, de réaliser le mal qu'il veut faire. Il est écrit : les désirs des méchants périront.

Accourons donc auprès de cette tombe que la passion

vient de profaner , et de nos mains réparatrices , remettons ,
en leur lieu de repos , les restes mutilés qu'elle contient.
Puis , efforçons nous , par nos témoignages de vénération et
de regret , de replacer , dans la sphère réservée aux vertus
éprouvées , LA MÉMOIRE qu'on avait jurée de souiller , et
qui sera ainsi comme purifiée et relevée par cette tentative
d'indigne profanation.

Le diffamateur

IV.

Le diffamateur anonyme est tout simplement un méchant
et un lâche.

La méchanceté, justement définie la difformité naturelle
du cœur , ne montre jamais tant sa laideur et son inclination
au mal , que lorsqu'elle ourdit froidement dans l'ombre
ses trames coupables , pour assouvir une vengeance ; ou
bien, lorsqu'elle combine avec perfidie les moyens propres
à éloigner des personnes , dont la présence gêne les satis-
factions du vice.

Dans l'un et l'autre cas , cette lèpre du cœur humain ,
apparaît sous l'aspect le plus hideux , à cause du cortége de

passions et de vices, qui l'aident dans l'exécution de ses mauvais desseins.

La méchanceté devient encore plus noire, lorsque pour arriver à ses fins, elle ne craint pas de mêler, à ses plans abominables, les choses religieuses : les sacrements, les églises, les livres pieux, que dis-je ? le prêtre et la femme ! c'est-à-dire, les deux êtres qui sont comme les sources primordiales où l'homme va puiser la vie spirituelle et physique.

Le prêtre et la femme ! c'est-à-dire, les deux canaux par lesquels, les principes de religion et de morale, se répandent dans la société pour la vivifier et la conserver.

Le diffamateur anonyme est donc un méchant pernicieux, il est aussi un lâche.

La méchanceté qui se complait dans la dépravation des sens, et qui, ne voulant pas y être troublée, cherche à s'isoler de tout sentiment honnête, est naturellement amenée à déclarer la guerre au prêtre, qu'elle rencontre le premier sur le chemin du bien, comme étant le représentant de Dieu sur la terre, et à ce titre, le propagateur de la vérité et le gardien des bonnes mœurs.

La femme honnête, celle qui a su conserver intactes les traditions religieuses et morales qui relèvent tant son sexe, vient immédiatement après le prêtre, dans l'ordre de l'honneur et du respect ; et si le méchant, que nous appellerons vicieux, pour mieux le caractériser, ne peut pas se débarrasser de l'honnête femme, trop nombreuse encore et fixée au pays, il s'en servira au moins, en la sacrifiant, pour compromettre le prêtre et l'éloigner, après les avoir toutefois déshonorés l'un et l'autre.

Or, n'est-ce pas un acte de lâcheté dégradante que de déconsidérer de la sorte le prêtre et la femme, les deux êtres les plus faibles, les plus inoffensifs et les plus respectables qui soient au monde, lorsque le devoir est le flambeau qui éclaire leur voie et que la vertu guide leurs pas ?

Mais, la lâcheté devient encore plus manifeste et plus avilissante, lorsque, pour attaquer la faiblesse et persécuter l'innocence, elle opère dans les ténèbres, à la faveur du déguisement et par la calomnie.

Nous avions dit que le diffamateur anonyme était un méchant dangereux, nous venons de voir qu'il est aussi un lâche éhonté.

Dans ce temps si fertile en transactions que la conscience désavoue, en France surtout, on excuse beaucoup trop à l'audace et à la franchise, mais on ne pardonne rien à la lâcheté. L'assassin déguisé qui guette sa victime au coin d'une rue, et la frappe par derrière, à la faveur de la nuit, ne sera jamais qu'un misérable qui n'aura d'autre chance que d'être puni pour son crime, s'il est découvert, et de soulever contre lui le flot de l'indignation publique.

Et encore, le diffamateur est souvent plus à craindre par sa langue et par sa plume que le poignard de l'assassin, car, le poignard frappe le corps et laisse l'âme libre ; la diffamation au contraire atteint la partie la plus élevée de notre double nature. C'est toute la distance qui sépare l'esprit de la matière. En effet, la réputation, la vie morale, l'honneur , ces nobles et saintes choses, planent dans les régions supérieures et laissent le corps attaché à la terre.

Aussi, que de cœurs généreux, même de nos jours, préféreraient mourir dans leurs corps, plutôt que de laisser ternir aux yeux de leurs concitoyens , le vernis d'honneur et de probité qui brille sur leur nom et sur celui de leur famille.

Mais alors, quel châtiment faut il réserver à ce misérable, qui a essayé de priver tant de personnes, des biens précieux que les nobles cœurs estiment plus que la vie ?

Oh ! le châtiment moral qu'on lui réserve , le préoccupe peu ; il a pris ses mesures pour se soustraire au glaive de la justice , et pour lui , son procès est gagné.

Il estime donc qu'il vaut mieux tuer les autres , à la condition de se mettre à l'abri de leurs coups . à la façon des lâches ;

Attaquer des personnes sans défense et prendre le masque pour plus de sûreté ;

Dissimuler son écriture et son savoir ; déguiser son habit, cacher soigneusement son nom, et recourir à la publicité pour blesser la pudeur , et appeler le scandale sur des réputations sans tache.

Parler en public la langue des bagnes , vomir avec sa bave les propos des lieux obcènes , et reprocher au prêtre et à la femme , d'une conduite jusque là irréprochable , d'avoir des mœurs relachées et dissolues ;

Se précipiter sur la tombe à peine refroidie d'une jeune fille , et malgré la mort , malgré la vertu , malgré les larmes et les cris de sa famille, s'efforcer d'y introduire un filet d'ignominie, afin de salir la robe du prêtre et de le rendre désormais impossible au milieu de nos populations.

Une observation vient se placer naturellement ici. On se demande avec effroi, si le diffamateur que nous poursuivons, a une mère, une femme, une sœur, s'il a une foi religieuse quelconque ; dans ce cas, quel respect peut-il avoir pour sa famille et pour sa foi, puisqu'il traite de la sorte, les filles, les mères de ses concitoyens et les ministres de leur religion? Et si, par impossible, son système de dénigrement venait à prévaloir, quelles représailles ne prépare-t-il pas à sa mère, à sa femme, à sa famille tout entière? Mais, la raison est obligée de se taire, dans le tumulte des passions.

Revenons au diffamateur :

Il est possible qu'il ne soit pas fort loin de nous, peut-être est-il à nos côtés, se montrant disposé à nous entendre et s'apprêtant à nous lire. En effet, bien que son langage ordurier nous le fasse voir occupé des choses les plus viles, d'autre part, il est facile de remarquer qu'il se mêle parfois à la société plus élevée. Il sait à demi ce qui se passe dans les églises, il connaît les femmes qui hantent le confessionnal, il est au courant des livres que publie Monsieur l'abbé Barbaroux, il sait aller aux écoutes et se procurer un renseignement ; il est obligé de se contraindre pour faire des fautes de français, et dans la contre façon de son écriture, comme sur l'adresse de ses lettres, il déploie une merveilleuse dextérité. Nous ne serions point surpris d'apprendre que l'individu porte des gants et fait usage du lorgnon ; qui sait ! il n'y aurait même rien d'étonnant, que, par ses relations, il fut amené tous les jours, à serrer la main de quelqu'une de ses victimes.

Dans tous les cas, quelqu'il soit, et d'où qu'il vienne, il mérite d'être flétri, il le sera.

En vain, il se réfugie dans son antre de la malice, pour s'y envelopper de ténèbres, pour s'y affubler de masques et de postiches; en vain, s'arme-t-il de haine et de perfidie, en vain, lance-t-il ses traits les plus envenimés, afin d'étendre plus sûrement le règne du vice; il n'échappera pas à l'opinion publique, devant laquelle il a porté, contre des innocents, les accusations les plus flétrissantes. Comme il a cherché, pour le supplice de ses victimes, la plus grande somme possible de publicité, il faut qu'à son tour, il soit impitoyablement trainé devant le public, et que là, en présence de tous ceux qu'il a outragés, il lui soit imprimé sur le front, au fer rouge, le stigmate d'ignominie que mérite son action infâme.

Oui, il est bon qu'en tout temps, les ennemis de la société sachent, que tant qu'il y aura sur la terre des hommes qui croiront à l'intervention de la divinité dans les affaires de ce monde, que tant qu'ils croiront à la nécessité d'une religion vraie, dont les ministres sont revêtus d'un caractère sacré, que tant qu'il restera parmi nous, un culte pour l'honneur et les nobles choses, toujours, l'un des crimes les plus abominables qui se puissent commettre, sera d'attaquer, PUBLIQUEMENT PAR LA CALOMNIE, le prêtre catholique, vraiment digne de ce nom, et la femme du devoir, sur le front de laquelle le sentiment moral brille dans tout son éclat.

Est-ce une femme qui a écrit les lettres ?

V.

La nature des lettres mises en circulation, le nombre et la qualité des personnes violemment jetées sur la scène , et l'invraisemblance qui en est résultée pour plusieurs , tout cela a poussé les esprits à se demander , pourquoi tant de bruit , pourquoi tant de scandale ? qui veut trop prouver , ne prouve rien.

Avant de répondre à cette question , nous voulons en éclaircir une autre qui a été également posée. Nous avons entendu dire plus d'une fois, qui sait s'il n'y aurait pas quelque femme là-dessous , et si tout ce tapage ne viendrait pas d'une rancune féminine ?

Franchement , les femmes ont été si maltraitées dans cette affaire que nous nous estimerions heureux de trouver d'excellentes raisons , pour éloigner d'elles jusqu'au plus léger soupçon. Bien résolu de détourner de leur but , les imputations calomnieuses et blessantes qui sont consignées dans les lettres , nous croirions pourtant manquer à notre devoir, si, en nous occupant de la question de savoir , si c'est une femme qui a pu commettre cette mauvaise action, nous laissions, sans motif sérieux, planer un simple soupçon sur le sexe tout entier. Cette présomption une fois admise, chacun se croirait libre de désigner celle qu'il lui plairait d'inculper. Ce serait s'exposer à sacrifier le corps entier, sous prétexte de protéger quelques uns de ses membres.

Nous n'avons pas à dissimuler nos sympathies pour l'honnête femme, quand la position délicate qui lui est faite est digne d'intérêt. Nous trouvons la mission qu'elle remplit dans la famille, tellement empreinte de cette grandeur que communique l'esprit de sacrifice permanent, et le rôle qu'elle est appelée à jouer dans la société, nous paraît si magnifique et si décisif pour le bien, que nous avons souvent rêvé pour elle les priviléges les plus étendus. Ainsi, nous aurions souhaité, si la chose fut possible, que la réhabilitation de la femme par la Vierge Marie, produisit sur elle des effets plus complets; nous aurions désiré, par exemple, qu'elle s'étendit forcément au sexe tout entier, en le couvrant dans sa généralité, de prérogatives spéciales et d'éclatantes vertus, efficacement préservatrices.

Un de nos grands maitres dans l'art de bien dire, sous l'empire d'un sentiment analogue, a fait de la femme ce bel éloge, savoir qu'elle est appelée à adoucir les formes rudes de l'homme au contact de ses grâces et de ses vertus. Mais, éloges flatteurs et vœux stériles s'évanouissent devant la fatale réalité.

Toutefois, pour être juste envers elle, nous devons reconnaître que depuis le chemin du calvaire, où l'évangile nous montre les femmes fortes attachées aux pas du Sauveur, malgré la foule des soldats irrités, jusqu'aux salles d'asile pour l'enfance et pour la vieillesse, partout où il y a une douleur à calmer, une plaie hideuse à panser, une larme à essuyer, un sentiment de tendresse à prodiguer, un enseignement à donner pour l'esprit et pour le cœur, partout, nous trouvons la femme tranquillement assise au milieu de sa vocation religieuse, et portée sur les ailes du devoir, accomplissant autour d'elle, pour adoucir les infirmités de l'homme, des prodiges de dévoûment et de sacrifice qui étonnent le monde.

Sans doute, les mérites partiels que nous constatons, relèvent singulièrement la femme à nos yeux, et la recommandent à nos respects, seulement à notre regret, ils ne changent point les conditions de sa nature. La morale publique sera donc toujours forcée de jeter un voile sur un grand nombre d'existences, afin de ne pas contrister ses regards, car il faut en convenir, il reste bien des taches et des ombres au tableau.

En conséquence, dans l'avenir comme par le passé, pour l'homme comme pour la femme, la vertu sans cesse disputée et péniblement acquise, sera le premier prix de la lutte sur la terre, et l'honneur, au lieu d'être un don ou une faveur, restera une conquête.

Revenons à la question, est-ce une femme, oui ou non, qui a écrit les lettres ?

Puisqu'il faut répondre sans détour, nous essayerons de faire ressortir son innocence, au milieu même de ses défauts. A cet effet, nous allons réunir, par supposition, sur la seule femme soupçonnée, les défauts dominants chez les personnes du sexe, et répartis entre toutes ; nous verrons après s'il est possible d'en induire une présomption sérieuse de culpabilité.

Il va sans dire, que les vices et les défauts supposés, sont considérés sous les formes particulières aux femmes, qui ont ordinairement des rapports de convenance ou de direction avec le prêtre. Nous voici donc en face de la femme que nous allons carricaturer, au moral. Elle est possédée d'un esprit de domination qui l'empêche de se soumettre aux lois divines et humaines, qui veulent que la femme soit un être gouverné et soumis ; ses susceptibilités orgueilleuses lui font prendre les plus légers froissements d'amour-propre, pour des affronts sanglants et inexcusables. Elle est infatuée de la pénétration de son esprit, et elle incline naturellement a la malveillance, ce qui fait que, sans se donner la peine d'examiner avec soin les actions des autres à son égard, elle y voit d'avance une intention mauvaise, qui la plupart du temps n'existe pas.

Enfin, elle est opiniâtre, méchante et vindicative.

Une femme opiniâtre, méchante et vindicative ! ce serait un contre sens du plan divin, dans la création de cet être bienfaisant et constitutif de la famille ; voyons plutôt.

L'opiniâtreté se donne des torts et ne consent pas à les reconnaître ; elle veut imposer aux autres ses caprices, et à son tour, elle se refuse à accepter les vues de la raison et les affirmations de la vérité.

La méchanceté, pour causer un mortel déplaisir, ne craint

pas de se livrer à des paroles inconsidérées , et même , à des démarches un peu risquées ; d'autres fois , voulant blesser plus profondément, elle se soustrait à l'accomplissement de devoirs d'état obligés ; ou bien encore, elle s'abstient de pratiques qui lui sont chères , et qui relèvent de la conscience ; elle s'impose ainsi à elle-même un sacrifice coûteux , mais elle sait qu'elle fait souffrir les autres, elle y trouve un secret plaisir, un charme malin qui satisfait sa passion , son but est atteint.

La vengeance aveugle frappe ses coups redoublés sur des paroles , qui bien souvent n'ont pas été dites , ou contre des actions qui , étant parfois mal interprêtées, restent parfaitement innocentes.

Certes , voilà un type de femme qui n'est pas embelli. On se croirait reporté aux temps anciens, où voulant caractériser la méchanceté de la femme , on avait imaginé les harpies , les furies , ces sortes de divinités infernales , qui avaient pour mission de souffler la discorde sur les hommes et d'allumer la guerre entr'eux.

Puis, si l'on rapproche , par la pensée , ces défauts détestables des qualités qui doivent orner le cœur de la femme, pour la rendre digne de sa destinée parmi les hommes , on la trouve si éloignée du but que la providence lui a assigné, qu'on croirait voir un être profondément déchu et qui n'a point eu de part à la réparation.

Ces défauts sont graves, nous en convenons, et pourtant, nous ne pensons pas qu'ils aient assez de racine et de profondeur, et surtout assez de fixité pour produire tous leurs effets nuisibles. Ils trouvent , suivant nous , chez la femme , un palliatif puissant , dans la mobilité de son esprit et l'inconstance de son caractère. Ainsi , il n'est pas rare de voir le matin , une femme, d'ailleurs bien élevée, entraînée par des mouvements de colére et de vengeance, à des actes grossiers , et le soir, de la voir rechercher avec des prévenances sans dignité . les personnes qu'elle vient à peine d'offenser d'une façon brutale , sauf à recommencer le lendemain. En d'autres termes . sa volonté oscille trop souvent d'une extrême à l'autre , pour qu'elle puisse se fixer longtemps sur un même point.

Il y a dans cette nature , que la désobéissance a rendue étrange et irréductible à des régles fixes , des défauts qui se pondèrent, et se neutralisent en partie, les uns par les autres.

S'il en était autrement . si la femme ne trouvait pas , dans sa nature même , un contre-poids capable de la contenir un peu, son inclination à la frivolité prévaudrait trop souvent sur son désir du bien.

Cela étant , nous concluons hardiment que la tête d'une femme , n'était pas apte à concevoir le plan des lettres anonymes et à l'exécuter froidement pendant une durée de six mois , comme nous le verrons tout à l'heure.

Non , ce n'est pas une femme qui a écrit les lettres , car, des rapports ordinaires du prêtre avec la femme , il ne peut pas en sortir une telle explosion de colère et de vengeance ;

Non, ce n'est pas une femme , parce que le prêtre est l'homme sans contredit , que la femme respecte le plus . et qu'elle ne consentirait jamais à injurier publiquement ;

Non, ce n'est pas une femme, car, une femme aurait mieux connu les personnes qui fréquentent le confessionnal de Monsieur l'abbé Barbaroux, et au contraire, elle eût été moins familière avec les cercles, les cafés et les sociétés de la ville. Une femme n'aurait pas suivi ce mode de publicité;

Non, ce n'est pas une femme, parce qu'il faut avoir lu les lettres diffamatoires pour pouvoir apprécier avec quelque certitude, s'il est possible qu'une femme en soit l'auteur. Nous avons eu sous les yeux plusieurs de ces lettres, et nous avouons que le papier nous est tombé des mains à la première lecture. Nous n'avions jamais pensé que l'honnêteté fut exposée à se défendre en public, contre de pareilles saletés. Nous affirmons donc, pour l'honneur de ce sexe et pour l'honneur de notre pays, qu'il ne se trouverait pas une seule femme, si décriée qu'elle fût, qui osât affronter le public, en ayant à la bouche les propos orduriers, qui ont soulevé notre indignation, et qui osât les vomir contre un prêtre et vingt autres femmes à l'effet de les diffamer. Non, nous le répétons, cette femme n'existe pas parmi nous.

Non, ce n'est pas une femme, car, si c'était une femme nous le saurions. La femme a horreur du mystère; c'est pour en déchirer le voile qu'elle ne craignit pas d'envelopper dans sa chûte le genre humain tout entier. Au contraire, la lumière est une de ses passions; et c'est toujours pour la chercher ou pour la propager, qu'elle se livre journellement à de compromettantes indiscrétions. Si c'était une femme, elle l'aurait dit avant, elle l'aurait dit après, elle l'aurait dit en dormant, infailliblement nous le saurions.

Enfin, ce n'est pas une femme, car, il est impossible de s'y tromper. C'est une passion plus forte et plus brutale, plus savante et plus hardie qui a fait le mal. Ici, les faits déposent en sa faveur, et cet argument est sans réplique. Nous avons vu dans le premier chapitre, que l'écriture des lettres, ainsi que celle des adresses, étaient l'une et l'autre l'écriture d'un homme très-exercé ; donc ce n'est pas une femme.

Pourquoi tant de Lettres ?

VI.

Cette proposition est définitivement admise : C'est un homme méchant et pervers qui a fait le scandale ; mais, pourquoi l'a-t-il fait ?

A-t-il voulu défendre l'église contre les trahisons de ses enfants et de ses ministres ? A-t-il voulu, austère vengeur des mœurs publiques, faire cesser des désordres qui portaient atteinte à l'honneur des familles et du clergé ?

Nous allons répondre à cette dernière question, suivant l'engagement que nous en avons pris.

Si l'intérêt du bien a pû être le mobile de cette formidable accusation, il y avait à prendre, suivant nous, un moyen fort simple. Le vigilant gardien des mœurs n'avait qu'à appeler dans son poste d'observation, d'où il voyait exactement ce qui se passait dans la chambre du prêtre, dans son confessionnal et dans les églises, il n'avait qu'à y appeler les pères, les maris, ou bien, Monsieur le curé, Monseigneur l'évêque, et au besoin, Monsieur le procureur impérial. Ce procédé aussi facile que prudent, ne compromettait rien, évitait l'éclat, faisait cesser le désordre, et avait le double avantage, de faire punir le coupable immédiatement, et de dispenser le plaignant du déguisement et de l'anonyme.

Le moraliste déguisé n'a pas accepté les conseils que lui offrait la prudence unie à la sincérité, parce qu'il visait au scandale. Le moment est venu d'en dire la raison. Nous allons le faire avec franchise et sous toutes réserves. Il est bien entendu que nous ne savons rien de certain, et que l'interprétation que nous donnons vient uniquement de notre observation personnelle. Nous la publions pour ce qu'elle vaut, et sauf erreur.

D'abord, nous ne pensons pas que l'auteur des lettres, ait eu l'intention de nuire directement aux femmes, du nom desquelles il s'est servi, comme d'une machine de guerre, pour abattre le prêtre. Non, nous sommes de l'avis de ceux qui croient, que tous les coups étaient dirigés contre Monsieur l'abbé Barbaroux, et que les noms des femmes étaient destinés à encadrer les faits, à les colorer, et à faire ressortir les habitudes vicieuses du prêtre, lequel, au dire de l'auteur, ne respectait rien, pas même le lieu saint.

Nous ne croyons pas davantage qu'il y ait eu cabale dans

cette affaire ; nous n'y avons pas remarqué de trace d'une action collective, émanée de quelque société secrète, car, la religion et le clergé, n'ont pas été attaqués de front. On s'est borné à prendre à partie Monsieur l'abbé Barbaroux, dans l'espoir de se débarrasser de lui.

Voici quelques faits qui établissent clairement ce point et laissent entrevoir les intentions qui ont dirigé l'auteur, en appliquant son système de diffamation.

Déjà, à la date du 26 décembre 1866, une première lettre anonyme avait été adressée au mari de l'une des femmes désignées ; l'écriture de cette lettre diffère de celle des dernières ; les termes dont on se sert pour relater les faits et les faits eux-mêmes sont aussi sales que les autres, et révèlent une commune origine. Il n'y est question que de la femme de l'individu et de Monsieur l'abbé Barbaroux. Le mari se conduisit avec sagesse ; il conserva à sa femme toute son estime, ne dit mot de la lettre, et la garda avec soin pour s'en servir à l'occasion. Nous tenons ce fait du mari.

Peu de temps après, une deuxième lettre arrivait à l'évêché de Fréjus. Il était bien difficile qu'un pareil moyen aboutit de ce côté ; car les évêques savent le cas qu'il faut faire des lettres anonymes, sous forme de dénonciation. Monseigneur jeta la lettre, par un mouvement d'indignation et voua son auteur au mépris. Nous étions présent nous même, quand Monseigneur a rapporté ce fait.

Le coup était manqué ; les deux premières lettres ne donnaient que des résultats négatifs. Pourtant, on avait juré d'évincer le prêtre à tout prix ; on se décida à recourir aux grands moyens, et à faire jouer toutes les batteries.

Nous arrivons au 25 mai dernier. 60 lettres sont distribuées dans tous les lieux publics de la ville. Cette exhibition aussi dégoûtante qu'inattendue, détermine, dans le public, une explosion de sentiments divers ; pourtant, le premier moment passé, la surprise fait place à la réflexion, l'indignation prend le dessus, et l'auteur de cette infernale machination, reçoit le jour même son premier châtiment.

Ce plan est moins sot qu'il le paraît à première vue. L'auteur était convaincu d'avance, qu'en réunissant tant d'actions honteuses sur la tête d'un seul prêtre, il ne serait accepté nulle part : l'impossibilité était trop manifeste. Il ne pouvait entrer dans l'esprit de personne qu'un seul individu, qui ne se nomme pas, ait pu voir pendant des mois et des années, des choses qui ont entièrement échappé aux supérieurs du prêtre, aux parents des femmes nommées, et surtout au public, qui ne manque jamais de surveillance et de sévérité en cet endroit. Ce premier résultat était prévu. Mais l'auteur espérait qu'en faisant tout ce bruit autour du prêtre, qu'en jetant tant d'ordures sur sa robe, et en accolant son nom avec celui de vingt femmes différentes, qu'il confondait dans un déshonneur commun, tout le monde serait d'avis, qu'un prêtre ainsi conspué, ne pouvait plus accomplir le bien dans cette paroisse, et qu'on le placerait ailleurs. On verrait en lui une victime, un martyr de la calomnie, on en ferait un curé, soit ! mais, on l'éloignerait du pays, la cause était gagnée.

La suite de nos explications, fera encore mieux sentir la chose.

Il est probable que Monsieur l'abbé Barbaroux, dans l'exercice de son ministère, a tenu sous sa direction, une personne du sexe, plus ou moins compromise dans quelque affaire qui intéresse les mœurs. En pareil cas, le premier devoir du prêtre est de briser les chaînes qui retiennent cette âme captive et de la rétablir dans l'indépendance et la dignité des enfants de Dieu. Préserver les uns et ramener les autres, c'est l'œuvre journalière et unique du confessionnal.

Ah, nous ne saurrons jamais assez dans le monde, tout le bien que le prêtre accomplit dans la direction des âmes. Que de pères, que de maris, qui traitent pourtant le prêtre avec peu de bienveillance, et qui lui sont redevables, à leur insu, de ce que la vertu de leurs filles ou de leurs femmes ait pu, sur un frêle esquif, traverser les plus redoutables écueils, sans s'y briser.

S'il en est ainsi, il semble que tout devait rentrer dans l'ordre, car, qui pourrait y contredire ? La raison, les convenances, les passions elles-mêmes, acceptent ordinairement ces retours subits et inespérés à la vie morale ; et sans la rencontre, dans un même cœur, de la plus noire méchanceté unie au vice, le bien se fût accompli à l'ombre du confessionnal, parmi le silence et la paix.

Mais, la bête n'a pu souffrir qu'on lui ravît sa proie, et en rugissant, elle a juré de se venger. C'est alors qu'elle a réuni tous ses efforts, pour frapper un coup désespéré. Diffamer le prêtre pour satisfaire sa vengeance, et en le diffamant, parvenir à l'éloigner afin de favoriser le vice, tel est le but. S'il est atteint, c'est-à-dire, si la vengeance étant satisfaite, le prêtre est écarté du même coup, il peut se faire que peu à peu les obstacles tombent, que les résistances cèdent, et que des liens coupables se reforment de nouveau.

Voilà, croyons-nous, l'odieux calcul qui a fait tout ce scandale ; voilà le fond du mystère. Le diffamateur a puisé à pleines mains dans son cœur, les ordures que la vengeance et le vice y ont entassées, et il les a jetées à la face de celui, que la consciencieuse direction du confessionnal lui a rendu importun et suspect.

Que Monsieur l'abbé Barbaroux se rassure, il n'est pas aussi mauvais prêtre qu'on aurait pu le croire ou le craindre d'abord. S'il eût été capable de faire tout le mal, dont on l'a gratuitement accusé, afin de le chasser d'ici en le déshonorant, son diffamateur intéressé lui aurait tendu cordialement la main comme à un collègue, au lieu de le poursuivre publiquement de ses injures.

En suivant cette affaire avec attention, pour peu qu'on prête l'oreille, on entend grouiller sourdement les deux passions les plus égoistes et les plus implacables qui bouillonnent au cœur de l'homme : nous avons nommé la vengeance et le sens dépravé.

L'opinion publique.

VII.

En répandant ses lettres dans tous les lieux publics de la ville, le diffamateur a constitué, dans cette affaire, l'opinion publique juge en première instance. Loin de nous plaindre du choix de cette juridiction, nous nous sommes empressé de l'accepter, en comparaissant devant elle. Nous y serons jugés par nos pairs, suivant les principes de l'équité et avec connaissance de cause. C'est dans ce sentiment de confiance, que, sans hésiter, nous nous sommes décidé à présenter, devant ce tribunal, la défense de l'innocence outragée. Nous comptons sur le bon vouloir de nos juges à entendre toutes nos raisons, et à les peser religieusement dans la balance de leur conscience, avant de prononcer leur sentence définitive.

Dans les pays les plus civilisés, en France notamment, une égalité parfaite règne devant la loi. Les accusés quels qu'ils soient ont droit aux mêmes garanties. Un forçat libéré est-il accusé d'avoir commis un nouveau crime ? L'instruction judiciaire suit à son égard, les mêmes formes que s'il s'agissait d'un homme, dont les antécédents seraient parfaitement honorables. Descente sur les lieux, enquête, témoins à charge et à décharge, débat contradictoire. rien n'est omis pour arriver à la connaissance exacte des faits ; et lorsque les preuves ne paraissent pas suffisantes au jury, pour établir avec certitude la culpabilité de l'accusé, un verdict d'acquittement le déclare innocent, le renvoie de la plainte et le fait relaxer à l'instant même.

Or, serait-il possible que l'opinion publique, qui est un tribunal de famille, où la bienveillance et l'équité doivent remplacer les rigueurs de la justice, se montrât plus sévère que les autres juridictions ? Qu'elle refusât à des accusés innocents et probes, les mêmes garanties que les tribunaux ordinaires ne refusèrent jamais à un repris de justice ?

Serait-il possible que l'opinion publique, qui émane de la société entière, faisant fonction de juge, dans des affaires où le premier intérêt est le sien. refusât aux faibles son appui et sa protection ? Serait-il possible qu'elle marchandât son impartialité, à un prêtre et à vingt femmes publiquement outragés, par un lâche diffamateur déguisé ?

Nous ne le pensons pas. L'aveuglement et l'oubli du devoir ont des limites qu'il n'est pas permis de franchir impunément. Du reste, nos compatriotes nous ont appris à mieux présumer de leurs bonnes intentions. Ils n'oublieront pas en cette circonstance, que la justice est un des attributs de Dieu, et que lorsqu'un homme est investi du redoutable pouvoir de juger ses semblables, il entre en participation des prérogatives divines

On a dit avec raison que c'est la magistrature la plus haute qu'il soit donné à l'homme d'exercer sur la terre. Aussi, les obligations du juge ne se bornent pas à juger ; il faut encore qu'il relève la majesté de la justice par la sagesse de ses jugements. Ici, le moyen est placé en face du but : s'entourer de tous les éléments capables de porter la lumière dans l'esprit, et au moment de rendre un arrêt définitif, consulter sa conscience et obéir à ses inspirations.

En conséquence, nous sommes en droit d'attendre, que s'il existe des appréciations partielles qui seraient viciées, pour avoir été prises dans la précipitation et le tumulte du premier moment, on n'hésitera pas à les réformer, après le nouvel examen qui aura lieu, à la suite des observations que nous avons l'honneur de soumettre au public.

L'opinion publique rencontre un double intérêt dans cette affaire.

1° La question qui se débat devant elle, et qu'elle est appelée à juger, entre le diffamateur et les personnes diffamées ;

2° L'intérêt moral et social qui touche la société elle-même.

Que deviendraient, nous le répétons, l'honneur et le respect, ces puissants protecteurs de l'ordre, s'il suffisait que le premier malfaiteur venu, prît un masque, cachât son nom, et à l'aide de quelques lettres méchantes et obscènes, renversât, après les avoir souillées, ces réputations antiques devant lesquelles le pays était habitué à s'incliner ?

Nous ne devons pas nous dissimuler que l'indulgence mal comprise de la part de l'opinion publique, vis-à-vis d'un insulteur public, et la faiblesse de ceux qui consentiraient à subir l'insulte sans protestation , seraient d'avance, une prime d'encouragement accordée à l'audace , et de plus, un succès de faveur assuré à la méchanceté. Dans le sens opposé , on peut être certain que l'attitude énergique que nous prendrons tous, fera reculer le mal et affermira le bien.

Mais , ne retardons pas d'avantage l'heure de la justice ; l'affaire est suffisamment instruite.

La société a donc dans son sein quelque méchant dangereux, qu'il lui importe de connaître, et dont elle doit se débarrasser pour sa sûreté intérieure. L'essentiel est de savoir où est le coupable et de le punir sévèrement.

La séance est ouverte ; tous les accusés sont présents.

Il y a d'un côté, un respectable prêtre, couvert d'opprobre par la calomnie, et vingt femmes honnêtes , insultées dans leur honneur. De l'autre côté , on aperçoit les lettres anonymes de l'insulteur public ; c'est un monstre sans nom, qui est demeuré caché , pour ne laisser voir que ses vices , ses griffes et son venin.

Comme il a été précédemment établi que les femmes n'ont été impliquées dans l'affaire, que pour compromettre le prêtre et obtenir de force son changement , nous demandons qu'elles soient mises hors de cause et renvoyées d'accusation.

Reste le prêtre en face de son détracteur.

La diffamation , sous forme anonyme, ne constitue pas encore une autorité morale telle, que le public puisse accepter ses imputations injurieuses , sans garantie et sans preuves, comme des faits irrécusables.

Il est temps d'obliger le diffamateur à fournir des preuves

à l'appui de ses formidables accusations ; la réputation de vingt femmes, par les liens de parenté, touche à cent familles, et la moralité du prêtre intéresse tout le pays. Le diffamateur est d'autant plus obligé de soutenir son dire, par des preuves positives, convaincantes, devant l'opinion publique, qu'il a choisie pour juge.

Où sont les preuves du diffamateur ? Nous ne trouvons pas trace d'une seule dans ses lettres.

L'insulteur public ne prouve rien ; il n'a donc point de preuves ?

Pardon ! il nous en a donné une ; il est important qu'elle n'échappe pas à L'OPINION. C'est un aveu indirect qui fait ressortir sa culpabilité, et qui prouve avec évidence contre lui-même.

Le voici : en cachant son nom pour diffamer, et en injuriant sans preuve sous le masque, l'auteur des lettres a fait d'avance l'aveu de son crime, et déclaré, qu'à ses propres yeux, il commettait une action honteuse devant le public. C'est un défi jeté à la justice de pouvoir le punir, et à l'opinion publique de lui pardonner.

En présence d'un tel aveu, le prêtre ne peut plus figurer dans l'affaire comme accusé, il est manifestement victime d'un lâche attentat.

Le diffamateur ayant avoué son crime, qui est prouvé, d'ailleurs, par tous les griefs qui ont été longuement développés, reste seul devant l'opinion publique pour y être puni comme il le mérite.

Voici nos conclusions :

On n'a pas besoin de demander à un homme ce qu'il est

et ce qu'il veut, on le connaît à ses œuvres. L'homme de bien cherche la lumière, et agit au grand jour ; le traître, le méchant, rampe dans les souterrains et opère la nuit.

L'honnête homme s'exprime avec respect et convenance ; l'homme vicieux et pervers parle ce langage qui ne respecte rien, ni le public auquel il s'adresse, ni les matières dont il traite, et qui commence par déshonorer celui qui l'emploie.

En un mot, la diffamation, sous forme anonyme, dirigée contre un grand nombre de personnes honnêtes, et qui, de ses traits empoisonnés, vise à tuer l'homme moral, est qualifiée crime par la loi.

Par ces motifs, nous requérons contre le coupable la peine qui lui est due. Nous demandons que, devant le tribunal de L'OPINION PUBLIQUE, et en présence de toutes les personnes qu'il a outragées, LE DIFFAMATEUR SOIT MARQUÉ AU FRONT, EN CARACTÈRES DE FEU, DU SCEAU DE L'INFAMIE.

Nous espérons que L'OPINION PUBLIQUE s'empressera de ratifier nos conclusions, et rendra son jugement immédiatement exécutoire, SANS APPLICATION DES CIRCONSTANCES ATTÉNUANTES.

Le jugement de l'opinion publique pouvait être présenté d'une manière plus dramatique et plus piquante. Mais nous avons craint de porter atteinte au caractère des personnes qui sont en cause. En restant dans les limites que nous nous sommes imposées, nous avons même hésité à adopter cette forme, de peur d'ôter en partie, à cette affaire, la gravité et le sérieux, que nous avons tenu à lui conserver jusqu'à la fin.

Notre tâche est finie. Si imparfaite qu'elle soit, elle a été relativement longue et laborieuse. Nous aurions pu dire beaucoup mieux, et surtout le dire plus brièvement. Les longueurs et les redites viennent du défaut d'habitude d'écrire, et aussi, du temps qui nous a manqué pour revoir cet écrit dans son ensemble.

Nous supplions nos compatriotes, à qui nous destinons ces pages, d'excuser beaucoup à notre insuffisance, en considération de la bonne volonté que nous avons mise à exécuter cette œuvre de conscience. Si nous n'avons pas réussi, c'est qu'il nous a été impossible de mieux faire, en tenant compte de notre situation morale et matérielle. Nous faisons donc appel à la bienveillance et à la sagacité de chacun, afin de compléter le triomphe de la justice et de la vérité, en comblant les lacunes et en suppléant à nos défauts.

N'étant pas destiné à écrire, nous sommes sans prétention en cet endroit; nos affaires nous appellent ailleurs. Nous sommes porté plutôt à demander grâce pour notre témérité, en vue de la gravité des circonstances. Si nous avons un vœu à émettre, c'est que le public soit sévère à notre égard jusqu'à l'injustice, pourvu que l'innocence des femmes outragées soit reconnue et que l'honneur et le respect du prêtre restent saufs.

Des scandales récents nous ont donné la mesure du mal que peut faire un prêtre prévaricateur. Envoyé de Dieu pour conduire les âmes au salut, le prêtre qui forfait à ses devoirs, si rare qu'il soit, se sert du mandat divin et de la confiance des familles, pour pervertir les cœurs et précipiter les âmes dans le mal. Gardons la sévérité de nos jugements pour cet être barbare et dénaturé ; chassons-le sans pitié du milieu de nos populations, afin de soustraire celles-ci à sa coupable influence ; livrons-le à la vindicte publique, appelons sur sa tête toute la rigueur des lois, ce sera justice. Mais réciproquement, gardons nos respects et nos sympathies pour les bons prêtres, et ceux-là au moins sont nombreux. Tenons leur compte de cette vie perpétuelle d'abnégation et de sacrifice.

N'oublions pas que le cœur du prêtre est fait comme le nôtre, et qu'il aime tout ce que nous aimons, dans l'ordre des choses honnêtes et permises. La famille que Dieu lui a donnée lui est chère autant qu'à nous ; il a pour son père et pour sa mère, tous les bons sentiments de la piété filiale ; il tiendrait, comme nous, à se créer une nouvelle famille, dont il serait le chef, et pourtant, il immole, sur l'autel sanglant du sacrifice, les joies les plus pures, les sentiments les plus naturels, qui émeuvent le cœur de l'homme, afin que son âme garde toute sa liberté, et qu'il puisse se donner sans réserve à des populations chrétiennes, qui lui sont presque étrangères. Au lieu de lui susciter des obstacles, aidons-le franchement, ne fût-ce que par un sentiment de bienveillance, à remplir parmi nous sa généreuse mission, qui consiste à entretenir la pensée de Dieu dans le cœur des hommes, à les réconcilier entr'eux, et à rapprocher la terre du ciel.

Conclusion.

VIII.

L'opinion publique a rendu son arrêt : le prêtre est réha-
bilité, le diffamateur est couvert de mépris, la morale publique est satisfaite.

Maintenant, convient-il de s'attrister sans mesure, à l'occasion du scandale qui a eu lieu, et du bruit qui s'est fait
autour du prêtre ? nous ne le pensons pas. Tout nous porte
à croire que quand le calme se sera rétabli, les personnes
offensées étant mieux connues, seront aussi plus justement
appréciées ; et en admettant qu'il n'en fut pas généralement
ainsi, le prêtre sait mieux que nous, que le mérite est toujours proportionné à la grandeur du sacrifice. En méditant
tous les jours devant son crucifix, il n'aura qu'à se souvenir
que les Juifs préférèrent Barrabas, l'insigne voleur, à Jésus-
Christ, et que le sauveur des hommes fut crucifié entre deux
scélérats.

Mais, votre mérite, Monsieur l'abbé, restera bien au
dessous de celui du maître, car assurément, L'OPINION vous
est fidèle et votre détracteur est frappé du dernier châtiment.

Toutefois, il manquait à la couronne que les vertus sacerdotales tressaient pour vous, il y manquait une épine détachée de la couronne même du Christ. La diffamation vient d'y ajouter ce dernier trait. Votre attitude chrétienne en face de l'épreuve, en a fait une fleur suave toute parfumée de résignation et d'humilité. Elle achèvera votre couronne, et lui donnera, DEVANT L'OPINION, son plus bel éclat.

Quant à nous, Monsieur l'abbé, puisque un événement fâcheux, nous a valu l'honneur d'être placé, en public, quelques instants à vos côtés, que nous reste-t-il à faire? si non, de nous incliner respectueusement à vos pieds, pour y verser une larme de douleur, et de déposer sur la robe que vous avez toujours si dignement portée, un baiser de vénération et de sympathie.

Non jamais, Monsieur l'abbé, je n'oublierai les belles et touchantes paroles, que vous adressiez à mon pauvre père, à son lit de mort, afin de l'aider à franchir en chrétien le seuil de l'éternité.

BLANCARD Pierre

TABLE DES MATIÈRES.

Draguignan, imprimerie de C. et A. Latil, Boulevard de l'Esplanade, 4.

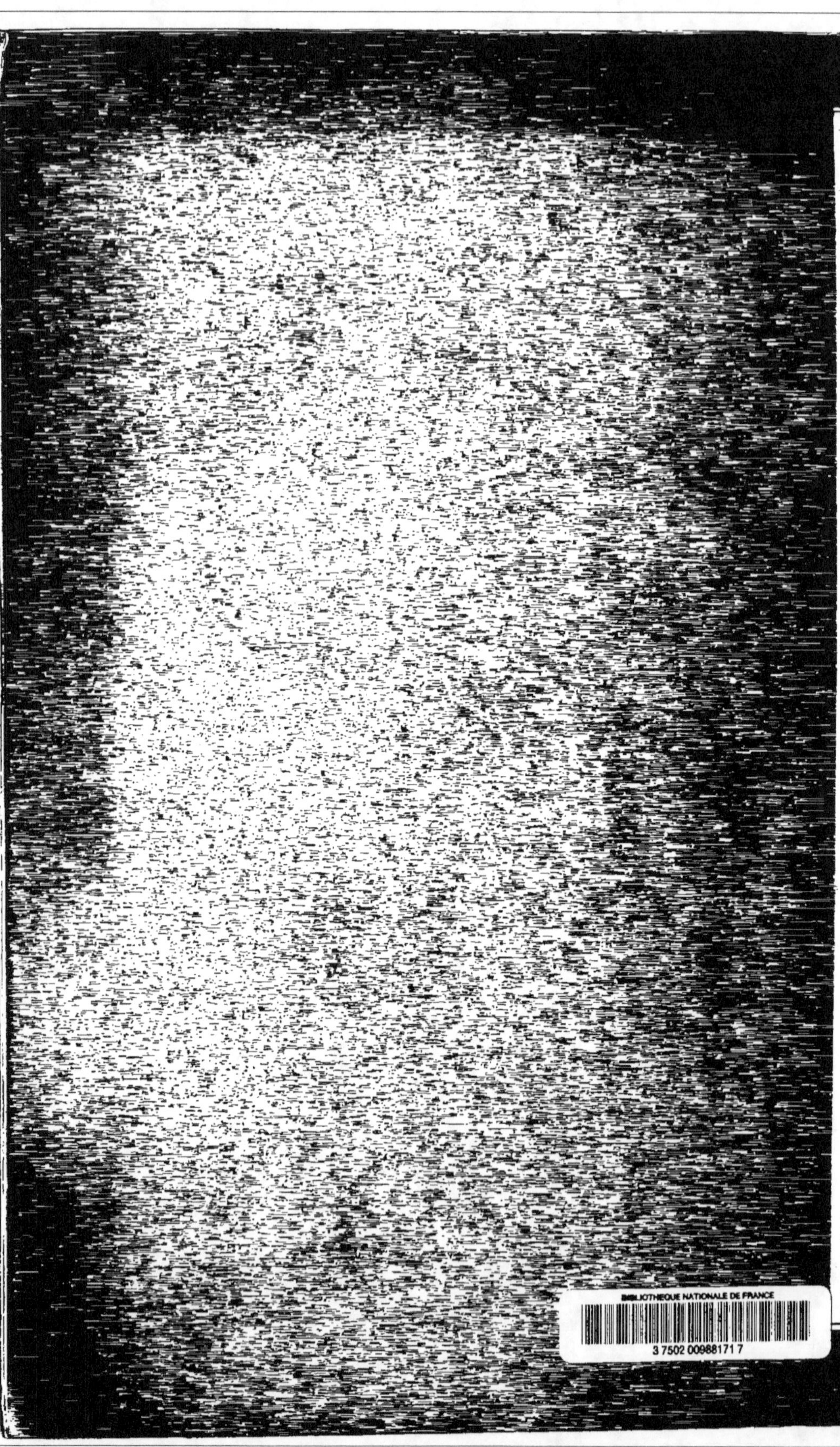

www.ingramcontent.com/pod-product-compliance
Lightning Source LLC
Chambersburg PA
CBHW061627060726
47597CB00005B/1837